Markus Peter

In 60 Sekunden Sympathie wecken

Wie Sie in weniger als 60 Sekunden die Grundlage für beruflichen Erfolg, Business-Abschlüsse oder Ihr nächstes Date legen.

Bibliografische Information der Deutschen Nationalbibliothek:

Die Deutsche Nationalbibliothek verzeichnet diese Publikation in der Deutschen Nationalbibliografie; detaillierte bibliografische Daten sind im Internet über http://dnb.dnb.de abrufbar.

© 2015 Markus Peter

Foto: Fotolia © Coloures-pic
Umschlaggestaltung: Sophia Valkova
Lektorat: Annette Scholonek

Herstellung und Verlag: BoD –
Books on Demand, Norderstedt

ISBN: 978-3-7347-9091-1

Das Werk einschließlich aller Inhalte ist urheberrechtlich geschützt. Alle Rechte vorbehalten. Nachdruck oder Reproduktion (auch auszugsweise) in irgendeiner Form (Druck, Fotokopie oder anderes Verfahren) sowie die Einspeicherung, Verarbeitung, Vervielfältigung und Verbreitung mit Hilfe elektronischer Systeme jeglicher Art, gesamt oder auszugsweise, ist ohne ausdrückliche schriftliche Genehmigung des Verlages untersagt. Alle Übersetzungsrechte vorbehalten.

Die Benutzung dieses Buches und die Umsetzung der darin enthaltenen Informationen erfolgt ausdrücklich auf eigenes Risiko. Der Verlag und auch der Autor können für etwaige Unfälle und Schäden jeder Art, die sich beim Besuch von in diesem Buch aufgeführten Orten ergeben (z.B. aufgrund fehlender Sicherheitshinweise), aus keinem Rechtsgrund eine Haftung übernehmen. Rechts- und Schadenersatzansprüche sind ausgeschlossen.

Das Werk inklusive aller Inhalte wurde unter größter Sorgfalt erarbeitet. Dennoch können Druckfehler und Falschinformationen nicht vollständig ausgeschlossen werden. Der Verlag und auch der Autor übernehmen keine Haftung für die Aktualität, Richtigkeit und Vollständigkeit der Inhalte des Buches, ebenso nicht für Druckfehler. Es kann keine juristische Verantwortung sowie Haftung in irgendeiner Form für fehlerhafte Angaben und daraus entstandenen Folgen vom Verlag bzw. Autor übernommen werden. Für die Inhalte von den in diesem Buch abgedruckten Internetseiten sind ausschließlich die Betreiber der jeweiligen Internetseiten verantwortlich.

Inhaltsverzeichnis

VORWORT **8**

DER ERSTE EINDRUCK IST ENTSCHEIDEND **10**

    DAS ÄUSSERE ERSCHEINUNGSBILD 11
    AUTHENTISCHE KÖRPERSPRACHE 13

KOMMUNIKATION – DER ANFANG VON ALLEM **25**

    ENTDECKEN SIE DIE INTERESSEN IHRES GEGENÜBERS 27
    SMALL-TALK-HOPPING 29
    DIE 50:50-REGEL 30
    WORAUF SIE ACHTEN SOLLTEN 31

EINFACHE KOMMUNIKATIONSTECHNIKEN, DIE SIE SYMPATHISCH MACHEN. **32**

    POSITIVER KLATSCH 33
    AUFMERKSAMKEIT UND FREUNDLICHKEIT 35
    LASSEN SIE IHR GEGENÜBER VON SICH SPRECHEN 36
    FRAGEN, FRAGEN, FRAGEN 37
    NACH RAT FRAGEN 38

WIE SIE FREUNDE GEWINNEN **40**

    VERTRAUEN 41
    ÜBERDEHNUNG FÜHRT ZU RISSEN. 42
    ENTWICKLE DICH SELBST. 43
    SEI DER FREUND, DEN DU HABEN MÖCHTEST. 44

SCHLUSSWORT **46**

Vorwort

Hallo,

und herzlichen Dank, dass Sie dieses Buch erworben haben.

Es zeigt Ihnen eine bewährte Strategie auf, wie Sie innerhalb weniger Sekunden einen positiven Eindruck auf Menschen machen und Sympathie erwerben.

Menschen zu begegnen ist eine heikle Angelegenheit. Während manche von ihrer Umgebung auf den ersten Blick als positiv, kompetent, sympathisch, erfolgreich oder interessant wahrgenommen werden, erleben andere das genaue Gegenteil.

Unabhängig davon, weshalb Sie von anderen positiv wahrgenommen werden wollen, werden Ihre Kontakte erfolgreicher verlaufen, wenn Sie die in diesem Buch genannten Techniken einsetzen. Ob Sie Produkte und Dienstleistungen verkaufen, ein

Job-Interview führen oder befördert werden möchten, die folgenden Strategien erhöhen Ihre Erfolgschancen deutlich. Auch wenn es darum geht, neue Freunde oder den Partner fürs Leben zu finden, helfen die Ratschläge Ihnen weiter. Jeden Tag haben wir die Chance, neue Kontakte aufzubauen, wenn wir unser Leben positiv verändern und gestalten wollen.

Dieses Buch zeigt Ihnen, wie Sie auf Ihre Kontakte eine positive Wirkung entfalten. Sie finden darin Tipps, wie Sie Menschen dazu bringen, Sie zu mögen.

Ich wünsche Ihnen viel Erfolg dabei, Ihr Leben schöner, besser und erfolgreicher zu gestalten.

Ihr Markus Peter

Der erste Eindruck ist entscheidend

*Für den ersten Eindruck gibt es
keine zweite Chance.*

Ob wir es wollen oder nicht: Was wir von einem Menschen halten, definiert sich meist innerhalb der ersten drei Sekunden. Mehrere Studien aus unterschiedlichen Ländern belegen, dass unsere Meinung von einem Menschen in den ersten Momenten gebildet wird. Dieser »erste Eindruck« ist so nachhaltig, dass er sich nie vollständig revidieren lässt. Aus diesem Grund ist es für das Erreichen Ihrer Kontaktziele – egal wie sie lauten – von ausschlaggebender Bedeutung, dass Sie Ihre Wirkung auf Mitmenschen kennen und daran arbeiten, dass sie dem entspricht, wie Sie auf andere Menschen wirken möchten.

Das äußere Erscheinungsbild

Der erste Eindruck, den Menschen von uns gewinnen, basiert oft auf dem äußeren Erscheinungsbild. Damit ist nicht primär ästhetische Schönheit gemeint. Was in manchen Fällen von Vorteil ist, bringt in einem anderen Kontext bedeutende Nachteile. So stellen manche besonders attraktive Menschen fest, dass ihnen wegen ihrer »Schönheit« andere positive Eigenschaften und Fähigkeiten nicht zugetraut werden. Wenn wir vom äußeren Erscheinungsbild sprechen, sind vielmehr die folgenden Aspekte entscheidend.

Situationsangepasste Bekleidung

Ein Smoking ist auf der Landwirtschaftsausstellung genauso fehl am Platz wie der Blaumann am Unternehmer-Treff. Veranstaltungen und Umgebungen haben unterschiedliche Kleiderordnungen. Wer sich daran hält, zeigt, dass er sich der Situation bewusst ist und »dazugehört«. Selbstverständlich besteht die Möglichkeit, zur Darstellung der eigenen Individualität in beschränktem Maße aufzufallen; dies muss aber nicht bei jedem positiv auffallen. Insbesondere in Situationen, wo man etwas Bestimmtes bei seinem Gegenüber erreichen möchte (Verkaufsgespräch, Vorstellungsgespräch o. ä.), kann es äußerst kontraproduktiv sein, aus der Rolle (oder zumindest dem Dresscode) zu fallen.

Gepflegte Erscheinung

Weit wichtiger als die dem Anlass entsprechende Kleidung ist eine gepflegte Erscheinung. Eine saubere Rasur (Männer), gepflegte Fingernägel, ein guter Haarschnitt und ein dezentes Make-up (Damen) sind wichtige Voraussetzungen, um von seinem Gegenüber positiv wahrgenommen zu werden. Dazu kommen eine saubere, knitterfreie Kleidung und frisch geputzte Schuhe. Wer Körperschmuck wie Piercings, Tattoos, Brandings oder Ähnliches trägt, sollte diese (abhängig von der Situation) entfernen oder abdecken.

Das Auto – oft vergessen, manchmal ausschlaggebend

Wer im Auto zu einem Termin fährt, sollte den Aspekt »gepflegte Erscheinung« auch auf sein Auto ausdehnen. Wer mit einem ungewaschenen, dreckverschmierten und unaufgeräumten Wagen zu einem Termin fährt, kann nie sicher sein, dass er auf dem Parkplatz nicht seinem Gesprächspartner begegnet und von ihm als »Der Mann mit dem vermüllten Auto« abgespeichert wird.

Authentische Körpersprache

»Man kann nicht nicht kommunizieren.«

Paul Watzlawick

Der überwiegende Teil unserer Kommunikation basiert auf Körpersprache. Nur 5 bis 7 Prozent dessen, was unser Gegenüber von uns wahrnimmt, ist der Inhalt unserer Worte. Selbstverständlich ist dies auch beim ersten Eindruck so. Dieser bildet sich innerhalb weniger Sekunden, also einer Zeit, in der wir verbal kaum ein »Hallo« herausbringen. Wer an seiner Wirkung auf andere Menschen arbeiten will, muss folglich dort ansetzen, wo es am effizientesten ist, also bei der Körpersprache.

Auch wenn Körpersprache weitgehend unwillkürlich geschieht, also nicht bewusst gesteuert werden kann, können wir doch einen gewissen Einfluss darauf nehmen, welche Signale unser Körper aussendet.

Ein Lächeln verbindet.

Beim ersten Eindruck geht es zu einem guten Teil um Sympathie. Ein von Herzen kommendes Lächeln ist in der Lage, Vorbehalte auszuräumen und eine gute Kommunikationsbasis herzustellen. Wichtig dabei ist, dass es sich um ein »echtes« Lächeln handelt. Ein falsches, aufgesetztes oder übertriebenes Lächeln hat keine positive Wirkung und kann sogar kontraproduktiv sein.

Nicht immer schaffen wir es, die Welt anzulächeln. Gerade bei einem neuen Kontakt fühlen sich viele Menschen verklemmt und verunsichert. Auch der Alltag mit größeren und kleineren Herausforderungen steuert das seine dazu bei, dass wir uns manchmal unwohl fühlen. Wie ist es in solchen Situationen möglich, von Herzen zu lächeln?

Selbst wenn Sie sich nicht gut fühlen, wirkt ein Lächeln zunächst einmal direkt auf Ihren Körper. Die Verbindung zwischen Gefühlen und Gesichtsmuskulatur ist wechselseitig. Werden die Mundwinkel durch ein Lächeln nach oben gezogen, nimmt das Gehirn wahr, dass es einem gut geht, und schüttet Endorphine aus. Das wiederum trägt dazu bei, dass man sich tatsächlich gut fühlt. Ängste und Verspannungen werden abgebaut.

Wie kann man aber einem noch unbekannten Menschen ein echtes, herzliches Lächeln schenken? Wenn Sie sich durch die eben dargestellte Lächeltechnik in eine positive Grundhaltung versetzt haben, finden Sie an Ihrem Gegenüber bestimmt eine oder mehrere Eigenschaften, welche die Person attraktiv, bewundernswert, positiv, lehrreich oder interessant machen.

Am einfachsten ist es, wenn Sie eine solche für Sie positive Eigenschaft tatsächlich am Gegenüber erkennen. Ist dies nicht auf Anhieb der Fall, können Sie auch eine positive Vermutung machen. Stellen Sie sich vor, wie toll Sie mit der Person zusammenarbeiten könnten, wie viel Spaß Sie gemeinsam haben könnten und was Sie von der Person alles lernen könnten. Kurz: Entwickeln Sie eine positive Erwartungshaltung und Vorfreude auf den Kontakt.

Denken Sie, dass Sie die Person, welche diese positiven Emotionen in Ihnen auslöst, anlächeln könnten? Wenn Sie es tun, werden Sie feststellen, dass mit einer enorm hohen Wahrscheinlichkeit eine positive Antwort zurückkommt.

Entspannen Sie sich.

Kennen Sie Kommunikationssituationen, wo alle Beteiligten so angespannt sind, dass man die sprichwörtliche Nadel fallen hören könnte? Anspannung in einem Gespräch ist eine Art Krankheit. Zeigt ein Beteiligter Unwohlsein, tendiert dieser »Virus« dazu, sich auf die ganze Gruppe auszubreiten. Ein positiver Gesprächsverlauf wird dadurch erheblich erschwert.

Wer sich angespannt und nervös fühlt, zeigt das oft, indem er an Kleidern herumfummelt, sich kratzt, unruhig bewegt, schneller oder mehr als beabsichtigt spricht.

Vielen Menschen hilft bereits die vorgenannte Lächeltechnik. Wo Anspannung trotzdem nicht abfällt, versuchen Sie es (möglichst vor dem Gespräch) mit tiefen, langen Atemzügen. Das hilft beim Entspannen und lässt Ihre Stimme zuversichtlicher und ruhiger klingen.

Augen – das Fenster zur Seele

Augen werden poetisch auch das »Fenster zur Seele« genannt. Sie zeigen Interesse,

Aufmerksamkeit, Nähe und Verständnis (oder das genaue Gegenteil).

Untersuchungen haben gezeigt, dass Menschen, die gezielt Augenkontakt suchen, von ihrer Umgebung stärker, klüger und erfolgreicher eingeschätzt werden.

Wichtig beim Augenkontakt ist, dass Sie Ihr Gegenüber nicht mit Ihrem Blick fixieren. Dies ist nicht die Situation mit der Kobra und dem Kaninchen. Sie müssen Ihr Gegenüber nicht mit Blicken töten. Eine gute Strategie ist es, den Blick nicht in die Augen des anderen zu richten, sondern auf den Punkt an der Nasenwurzel darüber. Für Ihr Gegenüber ist nicht ersichtlich, dass Sie ihm nicht direkt in die Augen sehen, und Sie strahlen damit ungeteiltes Interesse aus.

Damit es nicht zu einer verspannten Situation kommt, können Sie zwischendurch auch auf Ihre Hände schauen. Wenden Sie den Blick aber nicht in die Umgebung, das könnte von Ihrem Gesprächspartner als Desinteresse und

Unaufmerksamkeit aufgefasst werden.

Spiegeln Sie Ihr Gegenüber.

Es ist eine alte Erkenntnis, dass Menschen andere Menschen dann besonders attraktiv, interessant, klug und sympathisch finden, wenn sie ihnen ähnlich sind. Solche Menschen geben uns ein Gefühl von Gemeinsamkeit und einer gemeinsamen Gesprächsgrundlage. Spiegeltechniken liegt diese Erkenntnis zugrunde. Hierbei geht es nicht darum, unser Gegenüber nachzuäffen. Verständlicherweise würde dies der Gesprächspartner nicht positiv bewerten. Spiegeltechniken finden auch nicht ausschließlich auf der optischen Ebene statt.

Auch sprachliche Spiegelung ist eine äußerst erfolgreiche Technik. Hören Sie genau hin. Wie argumentiert Ihr Gegenüber. Verwendet er bevorzugt gehobene Ausdrücke oder Formulierungen? Spricht er in bestimmten Sinneskanälen?

Folgende sprachliche Muster sind für eine

sprachliche Spiegelung von Interesse:

> - spezielle Ausdrücke / Wortwahl / Formulierungen
> - angesprochene Sinneskanäle

Bei der Spiegelung spezieller Ausdrücke und Formulierungen geht es darum, die Kernworte des Gegenübers aufzunehmen. Damit schaffen Sie eine Verbindung und signalisieren Ihrem Gegenüber, dass Sie vom selben sprechen.

Für die Wahl des Sinneskanals müssen wir zunächst feststellen, welcher Kanal der Hauptkanal unseres Gegenübers ist. Dieser ist auch die Grundlage für seine Argumentation. Hören Sie von Ihrem Partner Aussagen wie »Ich sehe das nicht so«, »Ich erkenne das ...« und ähnliche, dann ist sein primärer Kanal wahrscheinlich der visuelle. Wenn Sie nun ebenfalls auf der visuellen Ebene kommunizieren, bewegen Sie sich auf einer gemeinsamen Kommunikationsebene. Das vereinfacht die Kommunikation. Ihr Gegenüber empfindet Sie als sich ähnlich, verständnisvoll und intelligent.

Allein das Thema der Kommunikation über verschiedene Sinneskanäle würde mit Leichtigkeit ein Buch füllen. Wer sich intensiver damit auseinandersetzen möchte, dem empfehle ich entsprechende Fachliteratur.

Neben der sprachlichen Spiegelung des Gegenübers besteht die Möglichkeit, Haltung, Gesten und Mimik des Gegenübers zu spiegeln. Lehnt Ihr Partner sich entspannt zurück, können Sie es ihm gleichtun, sinnvollerweise etwas zeitversetzt oder über Kreuz. Verschränkt Ihr Gegenüber die Arme, könnten Sie beispielsweise die Beine überkreuzen. Sowohl die verbale wie auch die physische Spiegelung wird in der neurolinguistischen Programmierung »NLP« oder *Pacing* genannt.

Pacing

Pacing heißt, den sprachlichen oder körperlichen Ausdruck einer anderen Person teilweise zu übernehmen. Pacing fördert eine positive Gesprächsatmosphäre und kann auf verschiedenen Ebenen stattfinden:

Stimme: Angleichen der Stimmlage, der Lautstärke und der Sprechgeschwindigkeit
Sprache: Verwendung ähnlicher Wörter, Ausdrücke, Argumentationsstrategien und gleicher Repräsentationssysteme[1]
Körpersprache: Angleichen von Haltung, Gestik und Atemfrequenz
Mimik: Angleichen des Gesichtsausdrucks

Sobald sich die Verhaltensweisen der beteiligten Personen angeglichen haben und Vertrauen hergestellt ist, spricht man davon, sich

---

[1] Unter Repräsentationssystemen versteht man im NLP die fünf Sinne: VAKOG (Visuell – Auditiv – Kinästhetisch – Olfaktorisch – Gustatorisch).

mit der Person im Rapport zu befinden.

Offene Körperhaltung

Eine offene Körperhaltung zeigt Ihrem Gegenüber Selbstsicherheit, Entspannung, Respekt und Freundlichkeit. Eine verschlossene Körperhaltung wirkt dagegen ablehnend, misstrauisch, unfreundlich, unsympathisch, verschlossen und feindselig.

Ihre Körpersprache hängt stark von Ihrem Befinden ab. Sie können die Lächeltechnik, Entspannungs- und Atemtechniken anwenden, um Ihre Stimmung zu verbessern. Nach außen hin sollten Sie darauf achten, die Hände nicht in Taschen zu verstecken, nicht überkreuzt, verspannt oder zusammengekauert dazusitzen. Ziehen Sie den Kopf nicht zwischen die Schultern. Je gerader Sie stehen oder sitzen, desto besser wirken Sie auf Ihr Gegenüber.

Authentisch bleiben.

Viele tatsächliche und sogenannte Experten vermitteln Techniken, die unbedingt zu befolgen seien. Den allerwichtigsten Aspekt vergessen sie dabei oft: So wundervoll eine bestimmte Technik bei einer bestimmten Person wirken kann, so fehl am Platz mag sie bei einer anderen sein. Prüfen Sie die in diesem Buch (und anderen Publikationen) vermittelten Techniken und Hinweise, ob und inwieweit diese zu Ihnen passen. Authentizität ist der wichtigste Aspekt, um Sympathie zu erringen. Was künstlich und »gemacht« wirkt, schreckt ab.

Kommunikation –
der Anfang von allem

Nachdem Sie einen guten ersten Eindruck gemacht haben, geht es darum, mit Ihrem Gegenüber ins Gespräch zu kommen. Diesen Schritt empfinden die meisten Menschen als noch größere Herausforderung.

Das größte Hindernis, um mit anderen Menschen ins Gespräch zu kommen, sind negative Glaubenssätze und Vorstellungen. Viele fürchten sich vor Ablehnung und Zurückweisung. Allein der Gedanke, eine »fremde« Person anzusprechen, lässt bei vielen ganze Filme loslaufen, was im Gespräch alles »schieflaufen« könnte.

„Ganz gleich, ob Sie denken, Sie können etwas oder Sie können es nicht, Sie haben recht."

Henry Ford

Eine der einfachsten Techniken, mit Menschen ein Gespräch anzufangen, besteht darin, die aktuelle Situation anzusprechen. Niemand erwartet von Ihnen, dass Sie im ersten Satz die Relativitätstheorie beweisen. Es geht ausschließlich darum, mit dem Gegenüber eine erste feine Kommunikation aufzubauen.

Im Buchhandel sind zahlreiche Ratgeber zum Thema »Small Talk« erhältlich, die dieses Thema vertiefend darstellen. Meine Erfahrung ist, dass man sie in vielen Fällen gar nicht braucht. Sprechen Sie einfach über gemeinsame Erfahrungen. Das kann genauso eine Frage nach dem Essen oder eine belanglose Äußerung über die Einrichtung, die Veranstaltung, ein Tagesthema oder ein Sportereignis sein. Meiner Erfahrung nach reagiert die Mehrzahl der Menschen auf solche Ansprachen sehr positiv. Sie sind froh und dankbar, wenn das Gegenüber beim Gesprächsbeginn die Initiative ergriffen hat.

Entdecken Sie die Interessen Ihres Gegenübers

Ein Gespräch fällt am einfachsten, wenn die Gesprächspartner ein Thema finden, das für beide Beteiligten von Interesse ist und zu dem beide etwas beitragen können. Wenn Ihnen etwas an einer guten Kommunikation mit Ihrem Gegenüber liegt, sollten Sie sich ein paar Gedanken darüber machen, welche Themen für ihn von Interesse sein könnten. Dies kann zum Beispiel sein:

- Hobby
- Veranstaltung
- bestimmte Orte
- Sportveranstaltung / Sport als eigene Betätigung
- Karriereziele / Beruf
- u. v. a.

Testen Sie Themen an und Sie werden schnell herausfinden, ob Ihr Gegenüber sich dafür interessiert oder eher lahm antwortet. Wo der Funke nicht überspringt, wechseln Sie zu einem anderen Thema.

Um mit anderen ins Gespräch zu kommen, können Sie auch Äußerlichkeiten als Startpunkt wählen, etwa ein besonders schönes Schmuckstück, eine interessante Armbanduhr, einen Pin oder Ähnliches, was Ihrem Gegenüber wichtig ist.

Es ist eine alte Weisheit, dass wir einem ernst gemeinten Kompliment kaum widerstehen können.

Damit eine gute Kommunikation zustande kommt, sollten Sie Ihrem Gegenüber auch zeigen, was Sie interessiert. Finden sich gemeinsame Interessen, haben Sie eine gute Basis für ein weiteres Gespräch geschaffen.

Small-Talk-Hopping

Small-Talk-Hopping nennt man eine Technik, bei der man leichten Fußes von einem Thema zum nächsten springt. Stellen Sie fest, dass Sie oder Ihr Gesprächspartner nicht (mehr) wirklich etwas zu einem Thema zu sagen haben, springen Sie zu einem anderen Thema.

Gespräche, die nur für einen Beteiligten von Interesse sind, wirken aufs Gegenüber ermüdend und wirken sich negativ auf die entgegengebrachte Sympathie aus.

Ideal beim Antesten von Themen ist es, wenn Sie zu diesen Themen relativ oberflächliche Äußerungen machen. Nur wenn Ihr Gegenüber darauf anspringt, steigen Sie tiefer ein, ansonsten springen Sie weiter und geben natürlich auch Ihrem Gegenüber die Möglichkeit, Themen einzubringen.

Die 50:50-Regel

Gerade in Situationen, wo man mit einem neuen Gesprächspartner kommuniziert, fühlen sich viele Menschen gehemmt oder nervös. Das ist verständlich, denn die Reaktionen des Fremden kann man noch nicht abschätzen.

In dieser Ausnahmesituation sprechen manche Menschen besonders viel, andere werden sehr einsilbig. Beides ist dem Gespräch auf Dauer nicht zuträglich.

Versuchen Sie die Gesprächsanteile etwa so zu gestalten, dass sich beide Beteiligten zu etwa 50 Prozent äußern. Dabei sollten Sie sich bewusst sein, dass der andere vielleicht genauso nervös ist wie Sie. Erspüren Sie die Atmosphäre der Gesprächssituation und passen Sie Ihr Verhalten an, damit sich beide Beteiligten so gut wie möglich fühlen.

Worauf Sie achten sollten

Besonders die Gesprächssituation beim Kennenlernen einer neuen Person bietet viele Herausforderungen. Es kann sein, dass ein Thema, das Sie als relativ unkritisch betrachten, für Ihr Gegenüber hoch emotional ist. Generell sollten Sie auf Themen wie Sex, Politik und Rasse in einem ersten Gespräch verzichten.

Beim Preisgeben persönlicher Themen oder der Frage nach solchen beim Gesprächspartner seien Sie sehr feinfühlig. Es ist nicht zielführend, den anderen mit einem Thema zu überfordern.

Einfache Kommunikationstechniken, die Sie sympathisch machen.

Kommunikation und auch alle weitergehenden Schritte werden Ihnen einfacher fallen, wenn Ihr Gegenüber Sie mag. Menschen, die Sie mögen, fühlen sich in Ihrer Gegenwart wohl und entspannt. Sie sind in der Lage, sich Ihnen zu öffnen und Ihnen ihre volle Aufmerksamkeit zu schenken.

Ob Menschen uns mögen, hat weniger mit unserem Aussehen, unserem Können oder unserer Intelligenz zu tun, sondern mehr mit unserem Verhalten, unserer Aufmerksamkeit und wie wir die Emotionen unseres Gegenübers anzusprechen vermögen. Viele Menschen scheinen von Natur aus eine Persönlichkeit zu haben, die sie für ihre Umgebung sympathisch und liebenswert macht. Tatsache ist, dass viel davon erlernbar ist. Ein paar Techniken hierfür werden nachfolgend beschrieben.

Positiver Klatsch

In jedem Buch über Small Talk, das etwas taugt, wird dargestellt, wie negativ es sei, in einer Gesprächssituation Klatsch zu erzählen. Dies ist nicht ganz richtig. Es geht dabei um abwertenden, verletzenden Klatsch, der an negative Bewertungen gekoppelt ist.

Tatsächlich ist die Art, wie wir über Menschen sprechen, ein wichtiges Indiz dafür, wie Menschen uns wahrnehmen. Selbst wenn sie es nicht wirklich wissen: Unser Unterbewusstsein nimmt Menschen, die positiv über andere sprechen, als sympathisch wahr. Wir unterstellen ihnen sozusagen, dass sie auch in unserer Abwesenheit wertschätzend über uns sprechen werden.

Wer hingegen oft negativ und kritisch über andere Menschen spricht, auf den wird dies zurückfallen.

Ich erinnere mich an eine junge, sehr gute Pianistin,

die auf verschiedenen Veranstaltungen durch ihre Anmerkungen über Fehler anderer Musiker so negativ auffiel, dass sie von den Menschen ihrer Umgebung gemieden wurde. Jeder hatte den Eindruck, ihren Ansprüchen nicht genügen zu können, und nur wer es nicht vermeiden konnte, spielte mit ihr. Damit verbaute sie sich viele interessante Chancen für Auftritte, denn kein Kollege wollte sie »freiwillig dabeihaben«. Auch ihre Beziehung ging in die Brüche und aus der jungen Frau, die auf einigen der größten Bühnen der Welt aufgetreten war, wurde eine Klavierlehrerin in der tiefsten Provinz, die dank ein paar guten Kontakten zu ehemaligen Lehrern ab und an zu Veranstaltungen eingeladen wurde.

Dagegen ist mir eine Bekannte dieser Frau ganz anders erinnerlich. Auch sie ist eine Pianistin. Sie war weit weniger begabt als die Erstgenannte, sprach aber stets wertschätzend von ihren Kollegen. So war es nicht verwunderlich, dass viele mit ihr spielen wollten und sie ebenfalls zu Kammermusik-Auftritten als Klavierbegleitung einluden. Diese weniger begabte Pianistin hat es nicht »bis an die Spitze« geschafft, aber sie wird regelmäßig zu Konzerten auf verschiedenen Kontinenten eingeladen und spielt dabei wundervolle Musik.

Aufmerksamkeit und Freundlichkeit

Ganz unabhängig davon, in welchen Kreisen und welcher Umgebung Sie sich bewegen: Wer Menschen aufmerksam begegnet und sie mit ihren Bedürfnissen wahrnimmt, weckt bei diesen automatisch Sympathie.

In jedem Menschen schlummert das tiefe Bedürfnis nach Ausgleich. Das Marketing hat sich diese Erkenntnis längst zunutze gemacht. An einem Stand im Supermarkt dürfen Sie kostenlos probieren und einem Bettelbrief liegt ein Pfennig-Artikel als Geschenk bei. Das geschieht nicht (nur) aus Nächstenliebe, sondern weil die Planer dieser Aktion genau wissen, dass der Mensch danach strebt, »niemandem etwas schuldig zu sein«. Weil er das Bedürfnis nach Ausgleich hat, kauft oder spendet er.

Wenn wir anderen Menschen sozusagen mit offenen Armen entgegengehen, sie wahrnehmen und ihnen mit Freundlichkeit ein gutes Gefühl geben, nehmen sie dies als Teil unserer Persönlichkeit wahr und sehen in uns eine sympathische Person. Sie werden auch ihrerseits versuchen, sich uns gegenüber freundlich und aufmerksam zu verhalten.

Lassen Sie Ihr Gegenüber von sich sprechen

Fast jeder Mensch interessiert sich zu allererst für sich selbst. Wir lieben es, wenn wir über dieses für uns so spannende Thema sprechen können. Das wohl größte Geschenk, was wir einem Menschen machen können, ist unsere ungeteilte Aufmerksamkeit und unser Interesse an seiner Person und seiner Meinung.

Studien haben gezeigt, dass die Möglichkeit, über sich selbst zu sprechen, für viele Menschen in unserer Gesellschaft auf einer ähnlichen Stufe steht wie der Gewinn von Geld. Es gibt sogar Studien, denen zufolge Menschen eher auf Geld verzichten würden als auf das Gefühl, wahrgenommen und wertgeschätzt zu werden. Für manche Firmen wäre es erheblich günstiger, wenn sie ihren Mitarbeitern Wertschätzung entgegenbrächten, als sie mit Superboni für das Ausbleiben der Wertschätzung zu entschädigen.

Wenn es darum geht, Menschen für uns zu gewinnen, sollten wir ihnen unser Interesse schenken und auch nachfragen. Dies wird allerdings nur dann nachhaltig sein, wenn wir echtes Interesse am Gegenüber haben und uns darauf konzentrieren, von ihm lernen zu wollen.

Fragen, Fragen, Fragen

Die wohl anspruchsvollste, aber auch interessanteste Methode, um Sympathie zu gewinnen, lässt sich am besten durch ihr Gegenteil illustrieren:

Jeder Mensch stellt zuweilen falsche Behauptungen auf. In den meisten Fällen geschieht dies durch Unwissen, falsche Informationen oder falsche Schlüsse. Wird er nun von seinem Gegenüber korrigiert und bloßgestellt, bedeutet dies in seinem Erleben oft eine Abwertung. Womöglich kommen Erinnerungen an die Schulzeit auf, als er für falsche Antworten getadelt wurde. Was der Korrigierende gut gemeint hat, wird vom Gegenüber häufig negativ verstanden. Spätestens wenn sich solche Korrekturen (oder Präzisierungen) häufen, kann es zu einer nachhaltigen Störung der Beziehung kommen.

Wie können wir unserem Gegenüber dennoch helfen, »die Wahrheit« zu erkennen? Hier hat es sich bewährt, den Gesprächspartner durch gezieltes Fragen dazu zu bringen, seine Fehleinschätzung zu verstehen und sich selbst zu korrigieren. Fragen Sie sich in solchen Fällen allerdings auch, ob Ihr Gesprächspartner nicht recht hat und Sie unrecht haben.

Nach Rat fragen

Eine andere bewährte Methode, um Sympathie von Menschen zu erlangen, ist es, sie nach ihrer Meinung zu fragen. Wer einen Menschen – in einer für ihn wichtigen Angelegenheit – nach Rat fragt, zeigt, dass er die Meinung seines Gesprächspartners schätzt. Er bringt ihm Respekt und Vertrauen entgegen, außerdem spricht er ihm einen »Expertenstatus« zu.

Der so um Rat Gefragte wiederum wird Ihnen mit großer Wahrscheinlichkeit Sympathie zurückgeben. Die mit Ihrer Frage geäußerte Wertschätzung schmeichelt seinem Ego.

Mit den vorgenannten Techniken sind auch Sie in der Lage, in Ihrem Gegenüber positive Gefühle auszulösen und eine bestehende Beziehung weiter zu vertiefen.

Wie Sie Freunde gewinnen

Bereits das Wort »Freund« gebrauchen Menschen sehr unterschiedlich. Wir sprechen von Geschäftsfreunden, von *Freund* im Sinne eines Lebens- oder Sexualpartners, von Facebook-Freunden und vielen anderen »Arten« von Freunden.

Natürlich haben diese Freunde sehr unterschiedliche Stellenwerte in unserem Leben und wir in ihrem. Viele Menschen kennen eine Vielzahl ihrer Facebook-Freunde nicht persönlich und manche würden sie nicht einmal erkennen, wenn sie ihnen gegenüberständen.

Wenn wir in diesem Buch von Freunden sprechen, so sind damit Menschen gemeint, die uns eng verbunden sind und für die wir wichtig sind (und umgekehrt). Qualität zählt hier mehr als Quantität. Kein Mensch kann hunderte oder gar tausende von Freundschaften pflegen, selbst wenn er nichts anderes machen würde.

Echte Freunde – und die sind in diesem Buch gemeint – zeichnen sich dadurch aus, dass sie in unserem Leben eine wichtige Rolle spielen und wir in ihrem. Solche Freundschaften sind davon geprägt, dass man in guten und schweren Zeiten füreinander da ist. Echte Freunde sind aber auch gute Ratgeber, die uns helfen, Fehler zu erkennen und zu beseitigen.

Nachfolgend finden Sie ein paar Ansätze, wie gute Freunde gewonnen und bestehende Freundschaften vertieft werden können.

Vertrauen

Gegenseitiges Vertrauen ist die Basis jeder Freundschaft. Vertrauen ist aber auch ein wichtiges Bindungselement in einer Freundschaft. Wer sich einer ihm nahestehenden Person, die es gut mit ihm meint, öffnet, intensiviert die positive Verbindung, was die Tragfähigkeit der Beziehung verstärkt. Entgegengebrachtes und erfülltes Vertrauen ist die nachhaltigste Verbindung zwischen Menschen.

Wird Vertrauen hingegen enttäuscht, ist dies der erste Schritt zum Ende einer Beziehung. Beachten Sie dies besonders im Umgang mit vertraulich geteilten Informationen Ihres Freundes oder Gesprächspartners.

Überdehnung führt zu Rissen.

Wer eine Beziehung zu sehr strapaziert und eine aufkeimende Freundschaft mit zu hohen Erwartungen und Regeln belastet, riskiert, dass die Fäden der Freundschaft reißen. Sie verliert an Qualität und verkommt zu einer hohlen, oberflächlichen »Freundschaft«.

Grundlage jeder menschlichen Beziehung ist die Akzeptanz, dass das Gegenüber eine Persönlichkeit mit eigenen Vorstellungen, Wünschen und eigener Geschichte hat. Zu einem guten Teil besteht Freundschaft daraus, sein Gegenüber samt seinen Grenzen und Schwächen zu akzeptieren.

Entwickle Dich selbst.

Eine Freundschaft ist eine wundervolle Möglichkeit, sich selbst weiterzuentwickeln. Wir können von den Stärken, Schwächen und Interessen unserer Freunde lernen. Voraussetzung dafür ist, dass wir uns Zeit für eine Freundschaft und die Freunde nehmen. Durch ein interessiertes Aufeinanderzukommen können wir sowohl unseren Charakter wie auch unsere Erfahrungen und unser Wissen weiterentwickeln.

Freundschaften wie auch Lebensbeziehungen, in denen sich der eine Partner nicht in ähnlichem Maße wie der andere weiterentwickelt, tendieren dazu, sich über kurz oder lang aufzulösen. Auch aus diesem Grund ist es wichtig, einer anderen Person gegenüber aufmerksam aufzutreten. Nur so können sich beide gemeinsam weiterentwickeln.

Sei der Freund, den Du haben möchtest.

*„Ich mag keinem Club angehören,
der mich als Mitglied aufnimmt."*

Groucho Marx

Freundschaften zu erhalten und zu vertiefen ist sehr einfach. Behandeln Sie Ihre Freunde so, wie Sie selbst von einem Freund behandelt werden möchten.

Seien Sie da, wenn Ihr Freund Sie braucht (auch wenn es gerade nicht so gut passt). Seien Sie großzügig, besonders wenn Ihrem Freund ein Missgeschick passiert. Behandeln Sie Ihre Freunde gut und vermitteln Sie ihnen, dass sie wichtig für Sie sind. Wenn es sich um eine echte Freundschaft handelt, können Sie damit rechnen, dass diese positive Haltung erwidert wird.

Eine Freundschaft aufzubauen und zu pflegen kann manchmal anstrengend und herausfordernd sein. Wie so vieles im Leben ist eine echte, tiefe Freundschaft nicht zum Nulltarif zu haben. Sie basiert auf dem Investment ***beider*** Beteiligten.

Wo eine Freundschaft über längere Zeit einseitig ist, sollten Sie diese hinterfragen. Handelt es sich wirklich um eine Freundschaft oder nur um eine als Freundschaft getarnte Nutznießerschaft (von Ihrer Seite oder der anderen Seite).

Schlusswort

Sie haben nun die wichtigsten Grundlagen gelernt, um Kontakte aufzunehmen, auszubauen und zu verfestigen.

Alle Technik wird aber so lange erfolglos sein, wie Sie es nicht schaffen, mit echtem Interesse auf Ihr Gegenüber zuzugehen. Der wichtigste Schritt beim Aufbau von Kontakten, Beziehungen und Freundschaften ist deshalb immer, dass Sie eine positive, interessierte Einstellung gegenüber Ihrer Umwelt entwickeln.